AF229015

ALLOCUTION

PRONONCÉE

Par M. l'abbé J.-M. C***

POUR LE MARIAGE

DE

M. JEAN-PIERRE VÉROT

AVEC

Mme ANNE-MARIE SOUVIGNET

Dans l'Eglise de Sainte-Barbe (Saint-Etienne),

Le 21 mai 1867.

A MADAME Vve SOUVIGNET

MADAME,

C'est à vous que je dédie les paroles empreintes d'une cordiale sympathie que j'ai prononcées en ce jour, qui était pour nous tous une fête.

J'accède volontiers à la requête qui m'a été adressée, parce que j'ai aussi pris ma part, et une part intime, à la joie commune, et que tout le premier je tiens à conserver la mémoire d'une cérémonie belle et touchante, qui restera dans mes souvenirs ainsi que dans mon cœur comme une des meilleures et des plus douces œuvres de mon ministère, surtout si elle contribue à assurer votre bonheur et le bonheur de ceux qui vous sont chers.

Rien ne change pour vous, ma bonne et vénérable amie; seulement vous avez un enfant de plus à aimer. Vous en aviez deux, vous en avez trois maintenant.

Vous garderez la position que vous occupez de reine et de maîtresse du logis; c'est l'œuvre de votre vie; c'est comme la demeure naturelle de votre âme; vous y avez vécu vos plus belles et vos plus longues années.

Mais les années commencent à faire sentir leur poids;

l'heure du repos a sonné pour vous; l'heure de l'action et du travail est désormais pour ceux qui vous appellent : Ma mère. Ils deviennent vos continuateurs; vous leur transmettrez peu à peu, avec une part de l'autorité, les traditions et l'honneur de la famille à garder. Vous ne ferez pourtant pas vos adieux à ce travail qui fut l'amour et la gloire de votre vie entière; il sera encore pour vous un délassement. Non, l'installation à laquelle j'ai donné une sanction suprême aux pieds des autels n'est point une retraite; vous resterez le guide du foyer et des affaires; vous suivrez de l'œil et du cœur, avec bonté et tendresse, tout ce qui se fera, le délibérant, l'encourageant, l'aidant de votre autorité et de votre expérience.

Les soins les plus tendres vous entoureront pour vous retenir le plus longtemps possible au milieu de nous, dans ce monde où vous attachent tant de liens et une famille si aimante et si dévouée. Vous conserverez vos goûts simples et modestes, vous plaisant à votre solitude, à vos jardinets verdoyants et fleuris, à vos arbres riches d'espérance, à votre petite allée ombragée de treilles, à ce pavillon frais et coquet, tapissé d'un large manteau de houblon et de lierre, sous l'ombre duquel je vous demanderai la permission de venir quelquefois faire une lecture ou lire mon bréviaire.

J.-M. C***.

ALLOCUTION

Prononcée le 21 mai 1867.

———

Monsieur,

Madame,

Vous me permettrez de vous adresser quelques-unes de
ces paroles que Dieu met sur les lèvres de ses ministres pour
enseigner et conduire la vie des hommes ici-bas. Le divin
maître, qui me donne la mission si consolante et si douce
de bénir votre union, veut en même temps que je vous ré-
vèle le secret de conserver toujours la plénitude de cette joie
qui vous inonde en ce moment, et qui est la garantie de
votre bonheur à venir.

Pour la réalisation des nobles destinées du mariage chrétien, il faut une force supérieure à la nature, une énergie
surnaturelle. C'est à la religion qu'il faut demander ce se-
cours tout puissant, car elle se mêle à toutes les actions hu-
maines pour les relever, les ennoblir et les pénétrer tout
entières. Toutes puisent en elles une féconde vitalité. En les
consacrant, elle les élève ; tel est le rôle qu'elle remplit dans
l'alliance dont les saints autels vont être les témoins et les
dépositaires.

Le mariage n'est donc pas seulement l'union intime et
permanente des deux époux, il est encore un sacrement, et
un grand sacrement, nous dit l'apôtre saint Paul. Il est le

symbole auguste de l'union de Jésus-Christ avec son Eglise. Oui, Jésus-Christ et son Eglise sont les modèles sur lesquels vous devez former vos sentiments.

Le mariage est aussi l'union intime de deux cœurs réunis sous le regard de Dieu et prévenus d'une estime et d'une affection réciproques. Aimez-vous l'un l'autre, comme Jésus-Christ a aimé son Eglise, pour laquelle il n'a pas craint de donner son sang et sa vie.

Vos deux volontés doivent être désormais resserrées, confondues, unies, pour ne faire qu'une volonté, qu'un désir. Tout vous sera désormais commun, travail et repos, souffrances et plaisirs, joies et peines, idées et forces.

Au foyer domestique, toutes les concessions possibles se font, on s'entend, on s'excite, on se soutient, on s'appuie pour l'allégeance des misères communes et des soins attachés à la condition humaine.

Sur cette terre, la joie n'est point sans mélange de tristesse. Votre mutuel bonheur devient la grande affaire de votre vie, votre principal mérite devant Dieu. Toutes les facultés de votre esprit, toutes les aspirations de votre cœur doivent converger vers ce but. La voie est désormais tracée ; vous n'avez qu'à marcher d'un pas ferme et résolu devant vous pour la suivre. Ne craignez pas : le partage mieux équilibré des charges facilite et soutient le dévouement.

Les destinées et l'honneur de la famille vous sont confiés. Vous tiendrez à conscience de ne rien faire qui déroge au passé ou compromette l'avenir.

En dehors de la famille, ayez un amour passionné du bien, la compassion pour les misères et une affectueuse bienveillance pour les hommes ; soyez du côté de la foi et de la charité.

N'ayez point peur ; à deux on est fort pour supporter

les épreuves et les charges de la vie, on est mieux également pour jouir des consolations de cette terre.

Les devoirs que je viens de signaler vous sont communs à l'un et à l'autre, mais il en est encore de particuliers pour chacun de vous.

Mon frère, cette union est pour vous la récompense d'un passé tout de dévouement; Dieu lui-même vous a choisi cette digne compagne. Secondée par des dispositions heureuses, elle a été initiée, en dehors de toute illusion, aux sérieuses réalités de la vie. Elle vous apporte en ce jour ce qu'il fallait à votre raison et à votre félicité : un cœur droit, insensible au vain éclat du monde et qui, jusqu'ici, a puisé toutes ses jouissances dans l'accomplissement de son devoir. Ses vertus modestes et bonnes, son intelligente activité projetteront les plus aimables joies sur votre avenir.

Mon frère, un époux chrétien vit pour le bonheur de son épouse; il est son soutien, sa force, son guide, son ami, et il se montre attentif à garder son estime et sa tendresse. En toute occasion, il se souvient quel est le chef dont il tient la place, et il le représente encore plus par sa prudence et sa douceur que par son autorité. Il veut plaire à son épouse, et il étudie ses inclinations ou pour les suivre ou pour les supporter.

La famille intime dans laquelle vous entrez se compose, comme vous savez, de trois membres. Vous allez retrouver une bonne et respectable mère qui est arrivée au repos par une vie d'honneur et d'activité, tout entière donnée au travail. Vos soins affectueux et délicats lui feront bénir le jour où elle vous a adopté pour son fils et lui rendront le fardeau des ans plus doux à porter; vous aurez à protéger une sœur, en qui il vous sera facile de découvrir un cœur bon et pur, compatissant et dévoué; elle continuera à abriter sa vie et à reposer son cœur sous le même toit, car c'est le pays de son âme puisqu'elle a toutes ses affections ; vous aurez à aimer une tante dont l'existence est liée à la famille qui devient la vôtre, et dont la vigilante tendresse aurait fait oublier à celle qui va être votre épouse et à sa sœur, si cela était possible, que trop jeunes leur cœur a été privé de l'amour d'un père.

Et vous aussi, ma sœur, vous trouverez dans cette alliance le bonheur auquel vous avez droit. L'homme honorable qui a plus particulièrement connu celui à qui vous allez unir votre destinée, garde, pour cet auxiliaire de vingt années, une rare estime qui honore celui qui en est l'objet et qui est pour vous un gage précieux de dévouement et de consolation.

Ma sœur, vous devez ne jamais oublier que votre plus solide gloire consiste à soulager votre époux avec une application qui détermine sa confiance et qui lui rende le poids des affaires plus léger et plus doux.

Une épouse chrétienne consacre à son mari ces irrésistibles puissances que Dieu lui a données pour plaire, adoucir, consoler, rendre heureux. Elle lui prépare, dans un intérieur toujours serein et souriant, les délassements d'une tendresse dévouée ; elle va au-devant de ses peines, les allége en les partageant.

Avec votre famille, vous resterez affectueuse et dévouée, et vous continuerez à adoucir les souffrances de cette bonne et aimable sœur que vous vous êtes vouée à aimer de toute votre âme et à soigner comme une mère.

Mon frère, ma sœur, rappelez-vous toujours que Dieu ne vous a pas créés pour le temps, le temps est court ! Vous devez vous acheminer vers la bienheureuse et vivante Eternité, sous l'influence bienfaisante de la Religion. Ayez donc

pour but votre sanctification réciproque et n'oubliez jamais
que le bonheur dont Dieu n'est pas le principe et la fin est
illusoire, et que, par conséquent, vous devez toujours intro-
duire Dieu au foyer de la famille, afin d'être aussi un jour
introduit dans son sein, là où toutes les pures affections se
ravivent pour ne plus s'éteindre, et où vous pourrez seulement goûter la félicité souveraine.

FIN

IMPRIMERIE DE Vᵉ THÉOLIER ET Cᵉ,